Eine Idee von Lenn Vincent GmbH.

Das Werk ist einschließlich aller seiner Teile urheberrechtlich geschützt. Jede Verwendung außerhalb der engen Grenzen des Urheberrechtsgesetzes ist ohne Zustimmung des Verlages unzulässig und strafbar. Das gilt insbesondere für Vervielfältigungen, Übersetzungen, Mikroverfilmungen und die Verarbeitung in elektronischen Systemen.

© 2017 der deutschen Ausgabe.
Alle Rechte vorbehalten.

ISBN 978-3-907098-02-8

www.leo-schneepard.de

AUTOR
MELANIE ROEMER

„Die Schule ist aus. Yippie!"
Leo stürmt gemeinsam mit seiner Freundin Maya auf den Schulhof. Er freut sich sehr, dass Maya heute wieder mit ihm und seinem Papa einkaufen gehen darf. Es macht Leo immer einen Riesenspaß, wenn Maya dabei ist.
Auf dem Parkplatz wartet schon Leos Papa.
„Hallo ihr beiden. Seid ihr bereit für unsere Einkaufstour?", begrüßt der Papa sie. Die beiden freuen sich und setzen sich sofort ins Auto.
„Leo, du musst dich schnell anschnallen", ermahnt Maya ihren Freund.
„Alle angeschnallt?", überprüft der Vater, und los geht es.

Im Lebensmittelladen angekommen hat Leo eine Idee. „Maya, komm, wir nehmen uns einen eigenen Einkaufswagen. Dann können wir wie unsere Eltern einkaufen. Papa, dürfen wir?", fragt Leo.

„Ok, das ist eine super Idee. Ihr beide könnt mir beim Einkaufen helfen", stimmt er zu. Leo und Maya nehmen sich ihren eigenen, gemeinsamen Einkaufswagen. Die beiden bemühen sich, als Erste die meisten Sachen von der Einkaufsliste zu finden und in den Einkaufswagen zu legen.

Dann kommen Leo und Maya an einem Regal mit Bausteinen vorbei. „Hm, ich liebe Bausteine", schwärmt Maya.
„Ich auch, aber Papa kauft uns bestimmt keine", antwortet Leo.
Da hat Maya eine Idee. „Pssst", sagt sie zu Leo und versteckt eine Box unter den anderen Sachen im Einkaufswagen. „Das fällt niemandem auf", versichert sie Leo.
Leo hat kein gutes Gefühl. Mit einem schlechten Gewissen schiebt er den Einkaufswagen in Richtung Kasse. Er weiß, dass sein Papa es nicht mag, wenn er heimlich etwas in den Wagen legt.

Gemeinsam fangen alle an, die Sachen auf das Einkaufsband zu legen. Leos Papa schaut Maya und Leo mit einem erfreuten Lächeln an. „Danke für eure Hilfe, das ging ja super fix mit euch!"

Leo überlegt nicht lange und nimmt die Box heraus. „Papa, die wollten Maya und ich uns kaufen. Dürfen wir?", fragt Leo kleinlaut. Leo fühlt sich schlecht. Er hat das Gefühl, seinen Papa auszutricksen.

„Nein ihr zwei! Leo, ich finde es gut, dass du ehrlich zu mir warst. Aber du hast genug Bausteine und außerdem sind diese viel zu teuer. Bitte bring die Box wieder zurück."
Enttäuscht und ein bisschen sauer legt Leo die Box wieder zurück.

Leo und sein Papa bringen Maya nach Hause, dann fahren sie weiter zur Arbeit von Papa und Mama. Die beiden haben ihr eigenes Unternehmen. Was sie in ihrem Unternehmen machen, das weiß Leo nicht genau. Aber er ist gerne dort.
In der Firma angekommen, läuft Leo direkt zu seiner großen Schwester Lilly. Lilly hilft Mama und Papa bei der Arbeit.
Lilly hört Leo schon von weitem und freut sich, ihn zu sehen. Sie drückt Leo und dann darf Leo sich an seinen gewohnten Schreibtischplatz setzen.

„Erzähl mal Leo, was hast du heute gemacht?", fragt Lilly.
„Maya und ich haben Papa geholfen einzukaufen und wir waren viel schneller als Papa. Fast alles war in unserem Einkaufswagen".
„Das hört sich toll an", sagt Lilly.
„Aber voll doof, Lilly. Maya und ich wollten uns noch Bausteine kaufen, aber Papa hat nein gesagt. Ich wünschte, ich dürfte mir einfach die Sachen nehmen, die ich haben möchte! Das dürfen Erwachsene doch auch!"
„Hm, Leo, so ganz stimmt das nicht. An der Kasse hat Papa doch bestimmt der Kassiererin Geld gegeben, oder?", fragt Lilly.
„Ich weiß nicht, vielleicht", murmelt Leo.
„Ich bin mir sicher, dass Papa für den Einkauf mit Geld bezahlt hat. Er durfte sich die Sachen auch nicht einfach nehmen", erklärt Lilly.

„Warum gibt es Geld?", fragt Leo daraufhin. „Ohne Geld wäre doch alles viel leichter."

Lilly schmunzelt ein wenig. Sie erklärt: „Wenn es das Geld nicht geben würde, könnte sich jeder einfach nehmen, was er möchte. Dann hätte niemand etwas, was nur ihm alleine gehört. Zum Beispiel dürfte Maya dann dein Dinobuch einfach mit nach Hause nehmen, denn es wäre ja nicht deins."

„Aber mein Dinobuch gehört mir!", erwidert Leo sofort.

Lilly schaut Leo verständnisvoll an: „Weißt du, warum dein Dinobuch dir gehört?"

Leo überlegt. Mama und Papa haben ihm sein Dinobuch zum Geburtstag geschenkt.

„Weil Mama und Papa es mir zum 5. Geburtstag geschenkt haben", antwortet Leo.

„Genau! Sie haben dir das Dinobuch geschenkt. Aber vorher mussten sie ins Geschäft gehen und es kaufen."

„Weißt du Leo, um dein Dinobuch zu kaufen, tauschten Mama und Papa mit dem Ladenbesitzer Geld gegen das Buch."
„Ok, also wenn ich die Bausteine kaufen möchte, brauche ich Geld", erkennt Leo. „Woher bekomme ich denn Geld?"
„Geld bekommt man, wenn man arbeitet. Ich arbeite hier und dafür bekomme ich Geld. Wenn ich nicht arbeite, habe ich auch kein Geld. Papa und Mama geht es genauso", erklärt Lilly. „Ich möchte auch hier arbeiten", sagt Leo.
„Klar, du kannst mir gerne helfen. Ich gebe dir ein Blatt und damit gehst du zu allen Leuten hier im Büro und sagst, dass sie bitte unterschreiben sollen. Wenn du damit fertig bist, hab ich noch mehr für dich zu tun."
Das hört sich gut an, dachte sich Leo und lief mit dem Blatt los.

Am frühen Abend war es Zeit, nach Hause zu gehen.
„Leo, du hast mir heute toll geholfen. Dafür bekommst du jetzt auch dein Geld. Hier hast du zwei Euro." sagt Lilly.
Leo ist total stolz auf sein erstes Geld.
Lilly fragt ihn: „Weißt du denn schon, was du mit dem Geld machen möchtest "
Leo überlegt. „Hm, wenn ich mir jetzt die Bausteine kaufe, sind meine zwei Euro weg, oder? Eigentlich habe ich zu Hause noch Bausteine. Muss ich das Geld ausgeben?"
„Nein. Wenn du möchtest, kannst du das Geld sparen, bis du weißt, wofür du es ausgeben möchtest. Du hast dafür gearbeitet und deswegen solltest du dir das gut überlegen."

Als Leo wieder zu Hause ist, rennt er sofort in sein Zimmer. Da ganz hinten in der Ecke steht noch eine eingestaubte Spardose. Er schüttelt es hin und her. Hm – es ist leer. Nun wirft er sein erstes Geld in die Spardose. Ab heute will er sein verdientes Geld immer da hineinschmeißen. Solange, bis er sich etwas kaufen kann, das er sich schon lange wünscht. Ein neues Spielzeug? Oder ... einen Roller? Mal sehen.

www.ingramcontent.com/pod-product-compliance
Lightning Source LLC
Chambersburg PA
CBHW040035050426
42453CB00003B/119